Bijlmer the place to be, the place to live and the place to develop!

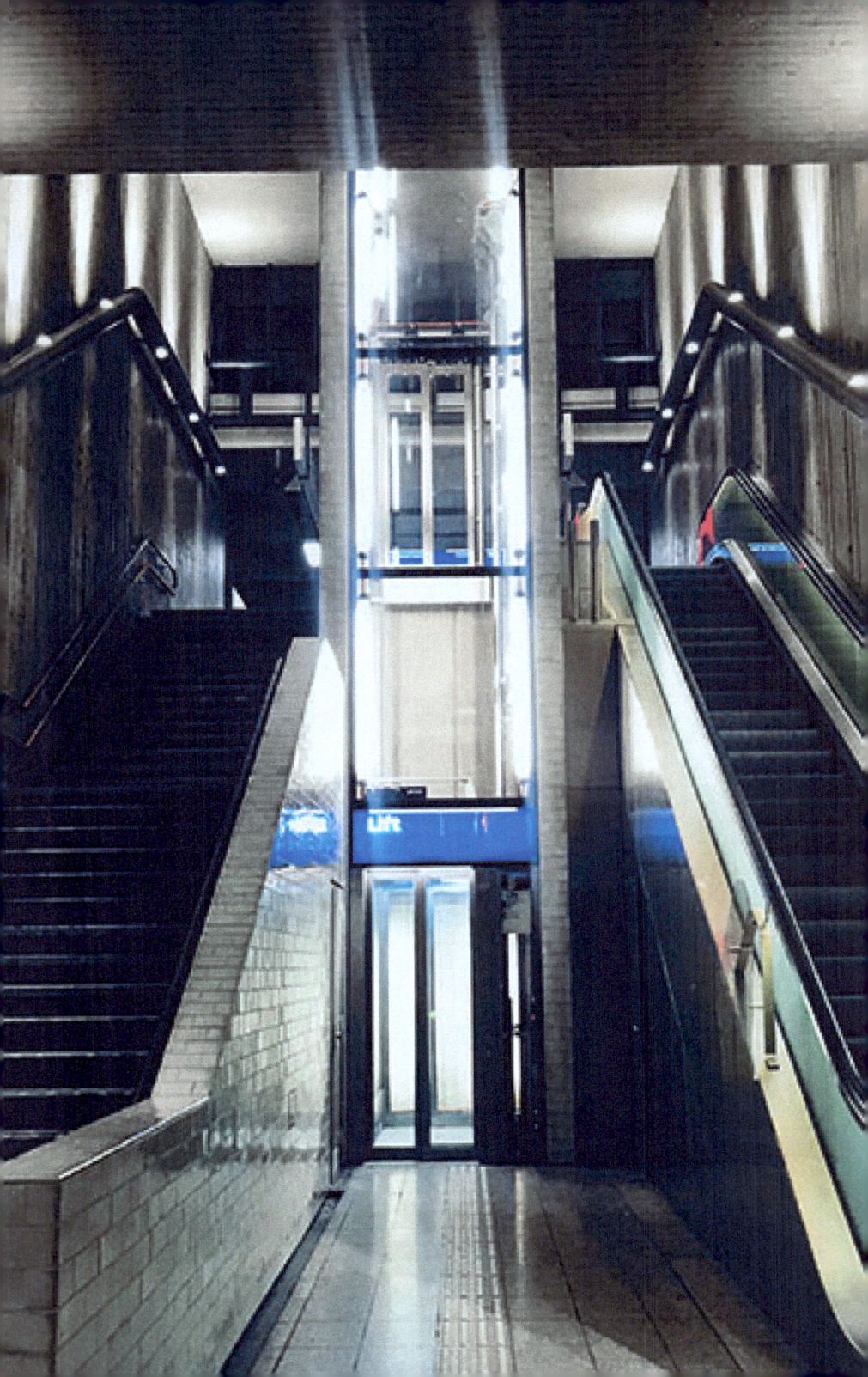

Gaasperplas

Gaasperplas de plek vol met natuur, rust en vrede. Een reis door het park waarbij je gemakkelijk de paden kan bewandelen die voor jou neergezet zijn, paden die neergezet zijn zodat je op een rustig tempo jouw doelen kan behalen.

Jong of oud maakt niet uit. Het leven wat wij nu leiden, waarbij wij alles zo snel mogelijk af willen hebben. Dat is het leven waarin wij leven. Maar men vergeet wel eens dat het leven snel voorbij kan gaan/zijn. Het leven is niet iets wat je snel kan afraffelen. Maar het leven is een dagelijkse wandeling die wij rustig kunnen afmaken.

'Het is beter om elke dag één stap te nemen, dan duizenden stappen op een dag te nemen.'

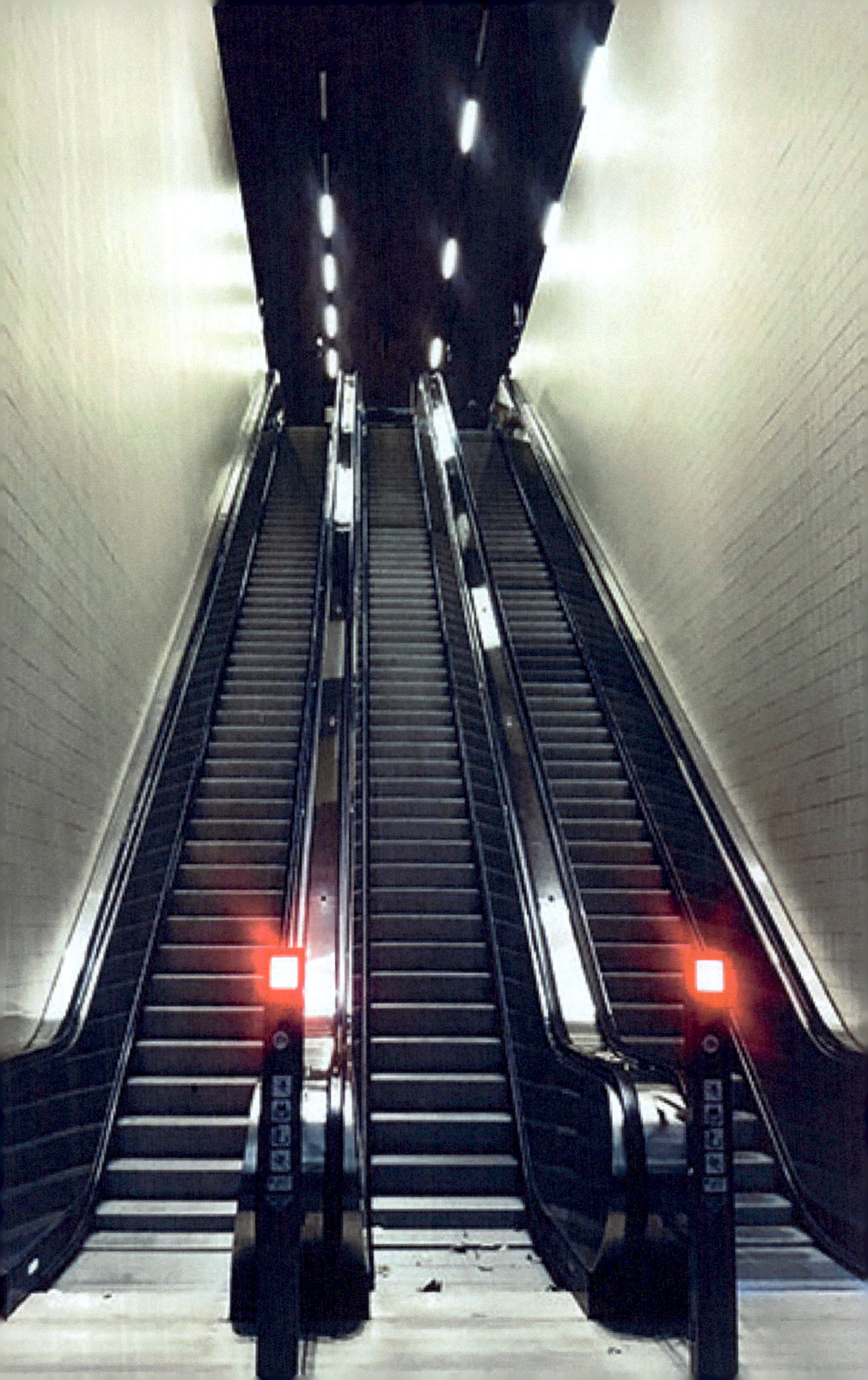

Kraaiennest

Het woord 'kraaiennest' laat je denken aan een mast van een schip of zwarte kraaien die in de lucht vliegen. Grappig hoe een woord of plek je laat denken aan vogels die in de lucht vliegen. Vogels laten zich niet beperken door op de grond te blijven. Maar vogels gebruiken hun vleugels om hunzelf te verplaatsen. Zoals een mast wordt gebruikt om de matroos een goed overzicht te geven.

Laat je niet beperken door wat men zegt, maar laat de talenten, die aan jou gegeven zijn, ontwaken. Laat je niet vertellen dat je iets niet kan doen, maar ga voor het uiterste en haal het maximale uit jezelf. Wees net een vogel met vleugels en bereik de top, waarvan men zegt dat je dat niet kan behalen.

'Een vogel die zijn vleugels gebruikt is een vogel die zich niet laat beperken door een ander.'

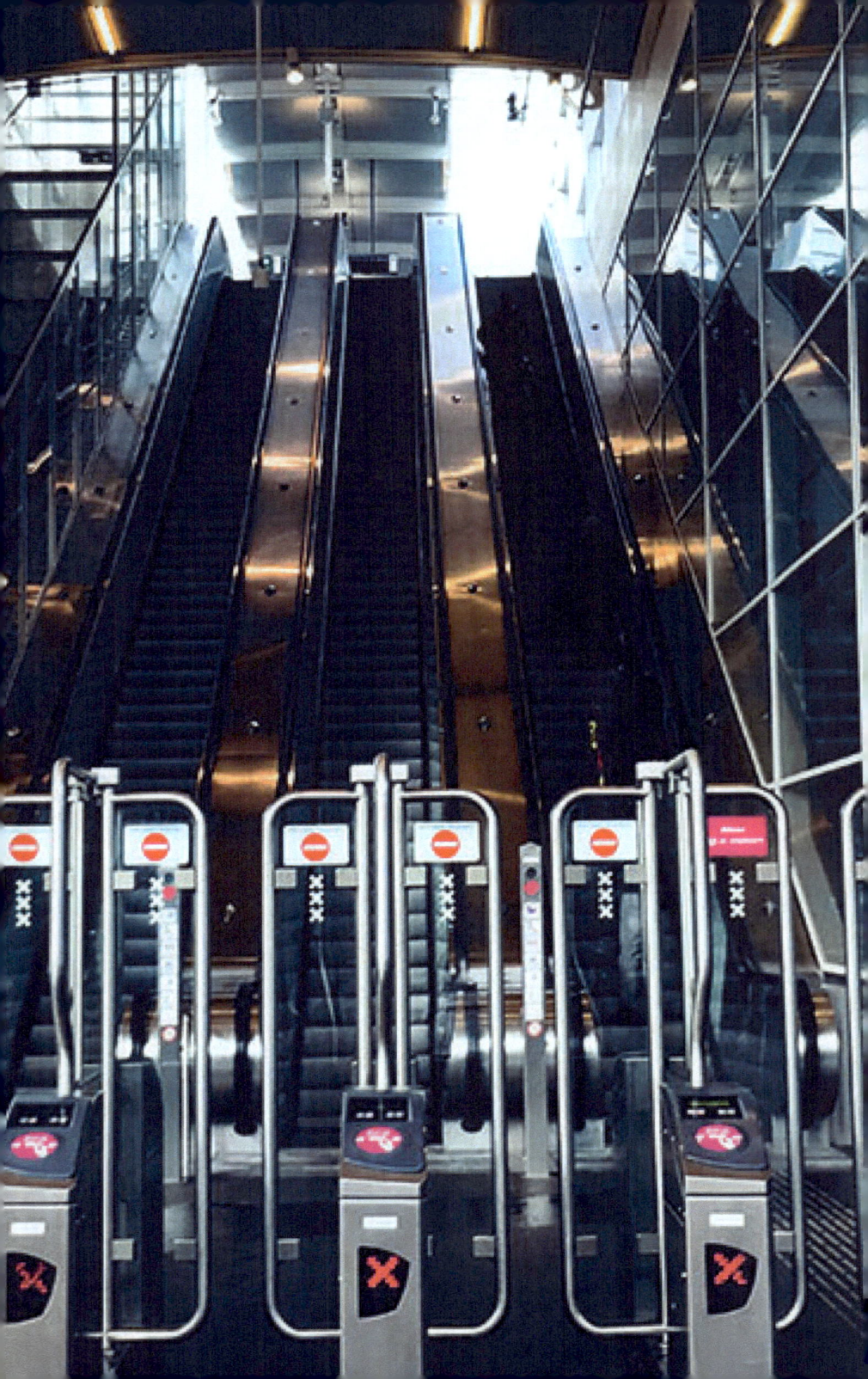

Ganzehoef

Wanneer men denkt aan Ganzenhoef denken zij aan witte ganzen. Ganzen staan er bekend om dat ze nooit alleen zijn, maar altijd in een groep of met hun levenslange partner. Een gans zal je nooit alleen zien, tenzij zijn partner ter overlijden komt. Waarom kan de dier loyaal aan zijn partner blijven, maar de mens niet? Is het niet ironisch dat zelfs een dier een beter voorbeeld kan zijn dan de mens.

De mens is beter als het samen met een ander de paden kan bewandelen die voor hen is weggelegd. Waarom een ander verlaten wanneer het slecht gaat? Waarom de ander niet een kans geven om zichzelf te uiten? En waarom de ander met verdriet achterlaten? Is het niet zo dat wij samen sterk zijn? Is het niet zo dat één plus één gelijk aan twee is. Waarom alles alleen doen als je het ook samen kan doen? De gans die altijd maar één, levenslange partner heeft. En de mens, vul dat maar voor jezelf in…

'Vooruitgang is wat je samen blijft doen succes is wat je samen behaald'

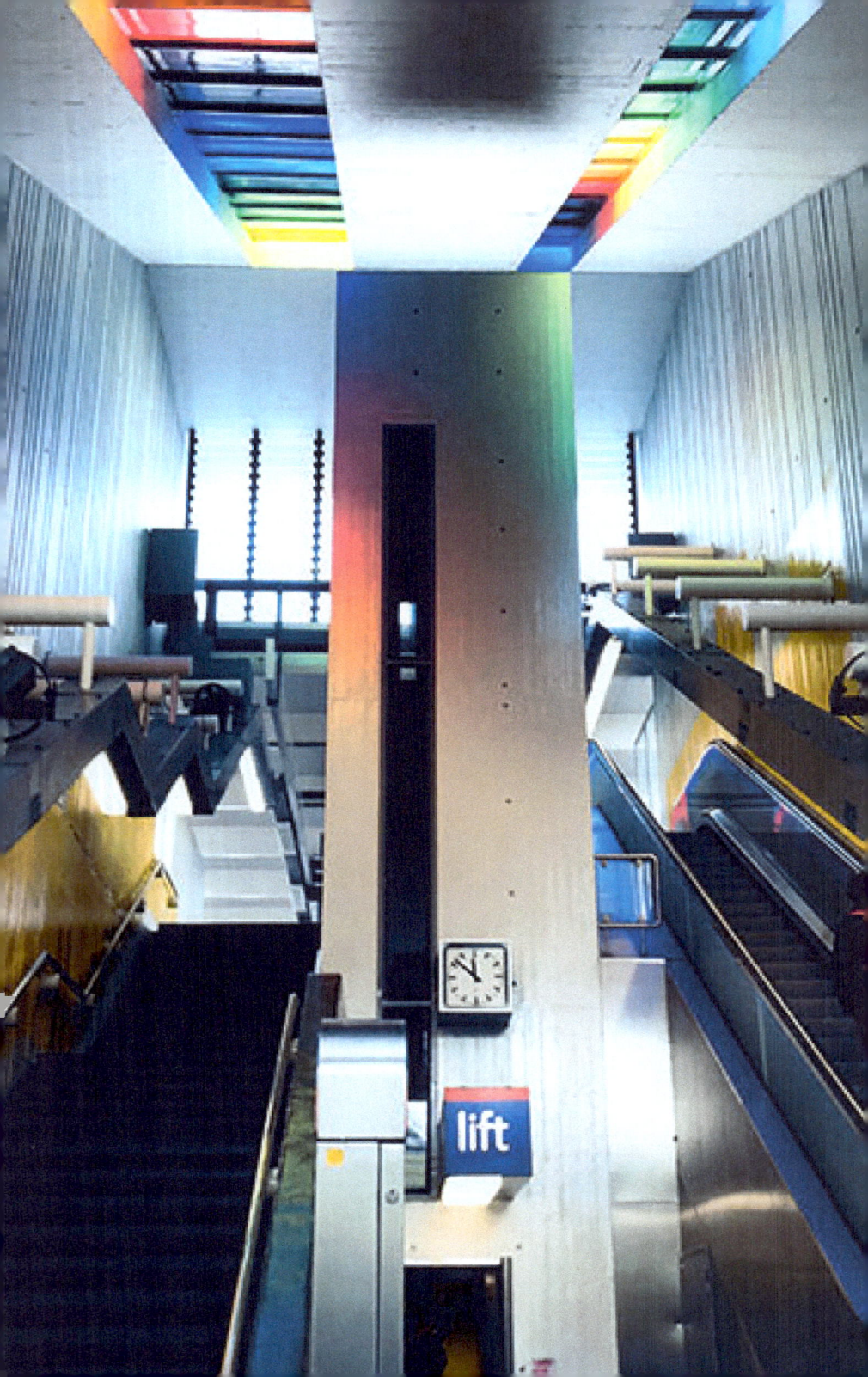

Strandvliet

Warmte, zon en zomer daar denkt de mens aan wanneer het strandvliet hoort. Warmte elke persoon heeft dat wel eens gevoeld. Een warm gevoel dat positiviteit uitstraalt. Een warme gevoel dat je naar een ander kan overbrengen en zijn of haar dag kan maken.

Laat jouw licht de duisternis van een ander kunnen verlichten.

'Zie het positieve in het negatieve.'

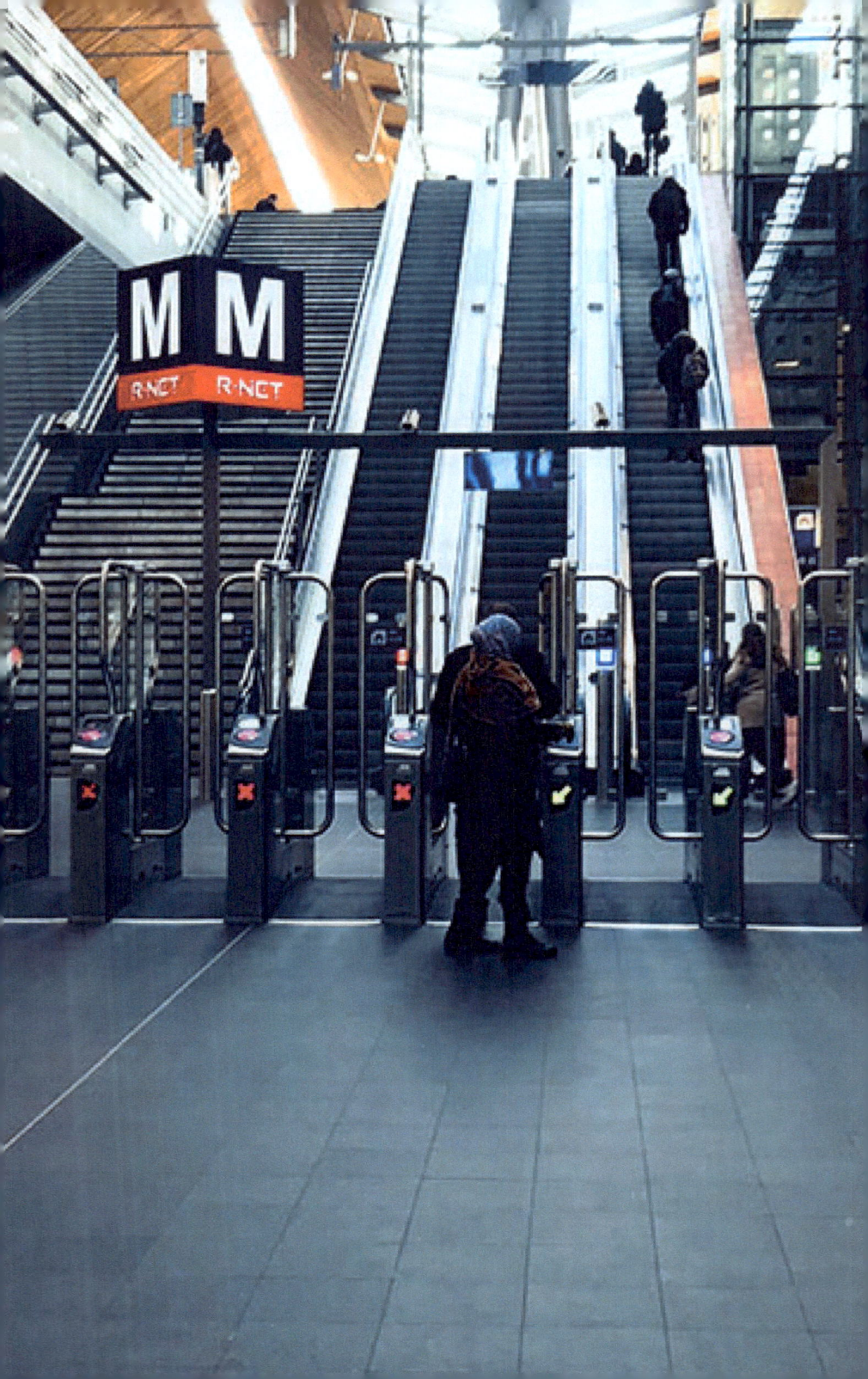

Bijlmer

Bijlmer the place to be, the place to live and the place to develop! De Bijlmer, de plek dat wel eens in een negatief daglicht wordt geplaatst. Uit elke hoek hoor ik wel eens dat Bijlmer geen fijne buurt is of dat het een ghetto(plek) is. De Bijlmer is juist dè plek waar een community sterker geworden is. De Bijlmer is dè plek waar wij samen onze talenten kunnen ontdekken. Maar de Bijlmer is ook dè plek waar verschillende culturen samen met elkaar omgaan en met elkaar werken, om het beste uit elkaar te halen!

Bijlmer het hart van Amsterdam Zuidoost.

'Bekijk jezelf eerst in de spiegel voordat je een ander bekijkt.'

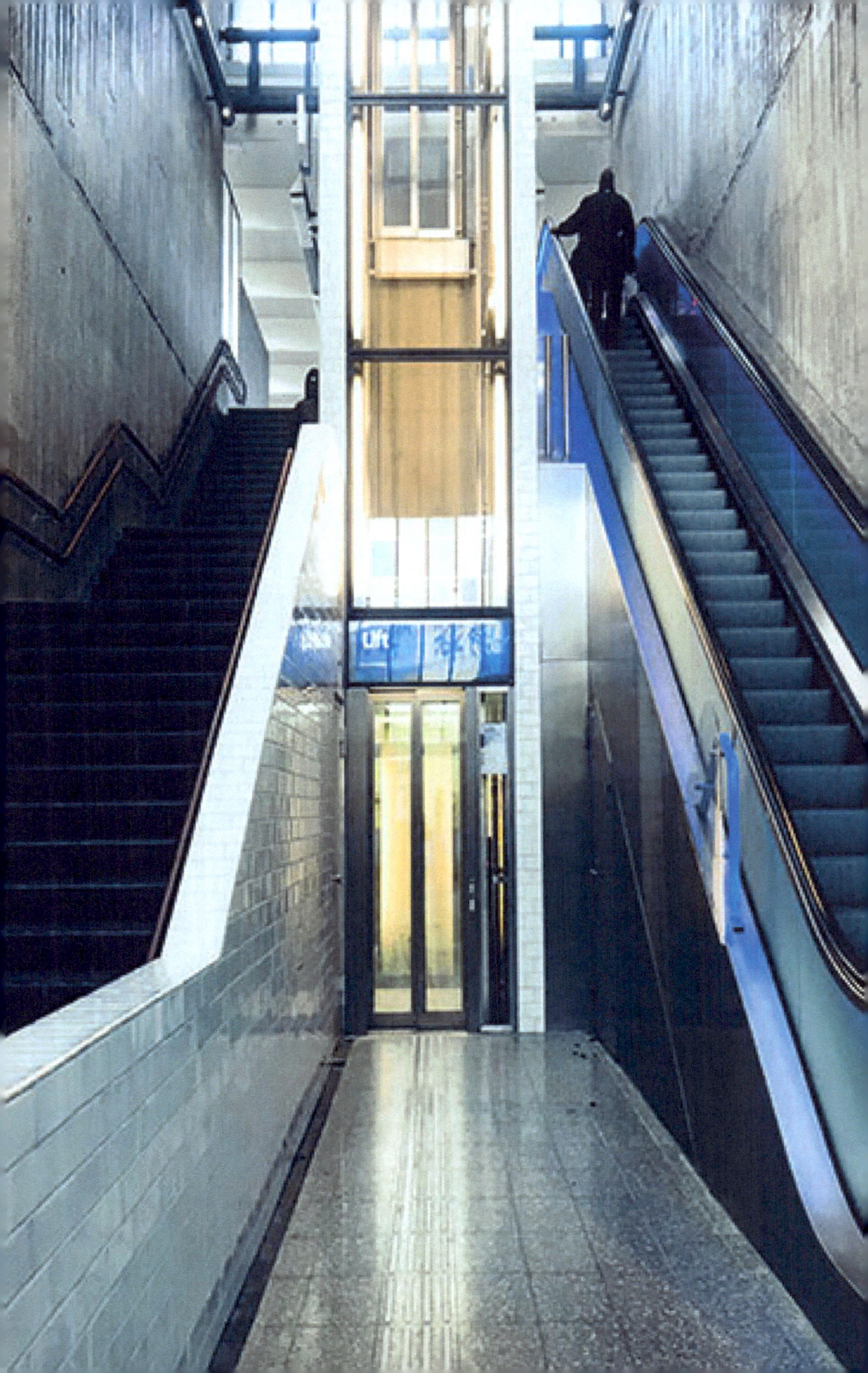

Bullewijk

Wanneer men denkt aan Bullewijk denk men aan het Engelse woord Bully. Een bully iemand de een ander pijn wilt doen, om zijn eigen pijn te verbergen. Waarom een andere persoon gaan pesten, waarom moet een ander persoon jouw pijn proeven waarvan jij die al meegemaakt hebt, waarom jouw pijn niet met een ander delen, zodat de persoon jouw pijn kan begrijpen.

Jouw verdriet moet jou niet de kracht geven om een ander te gaan kleineren jouw verdriet moet jou de kracht geven om ander te helpen om niet hetzelfde mee te maken wat jij meegemaakt hebt. Als een ander door het pesten zijn leven weggeeft is het dan niet zo dat jij dan weer met verdriet zit? Verdriet kan verschillende betekenissen hebben verdriet van blijdschap of verdriet van pijn en woede. Welke verdriet kies jij? En welke verdriet wil jij met een ander delen?

'Verdriet is iets wat jou sterker maakt of kan breken.'

Bijlmer plekken

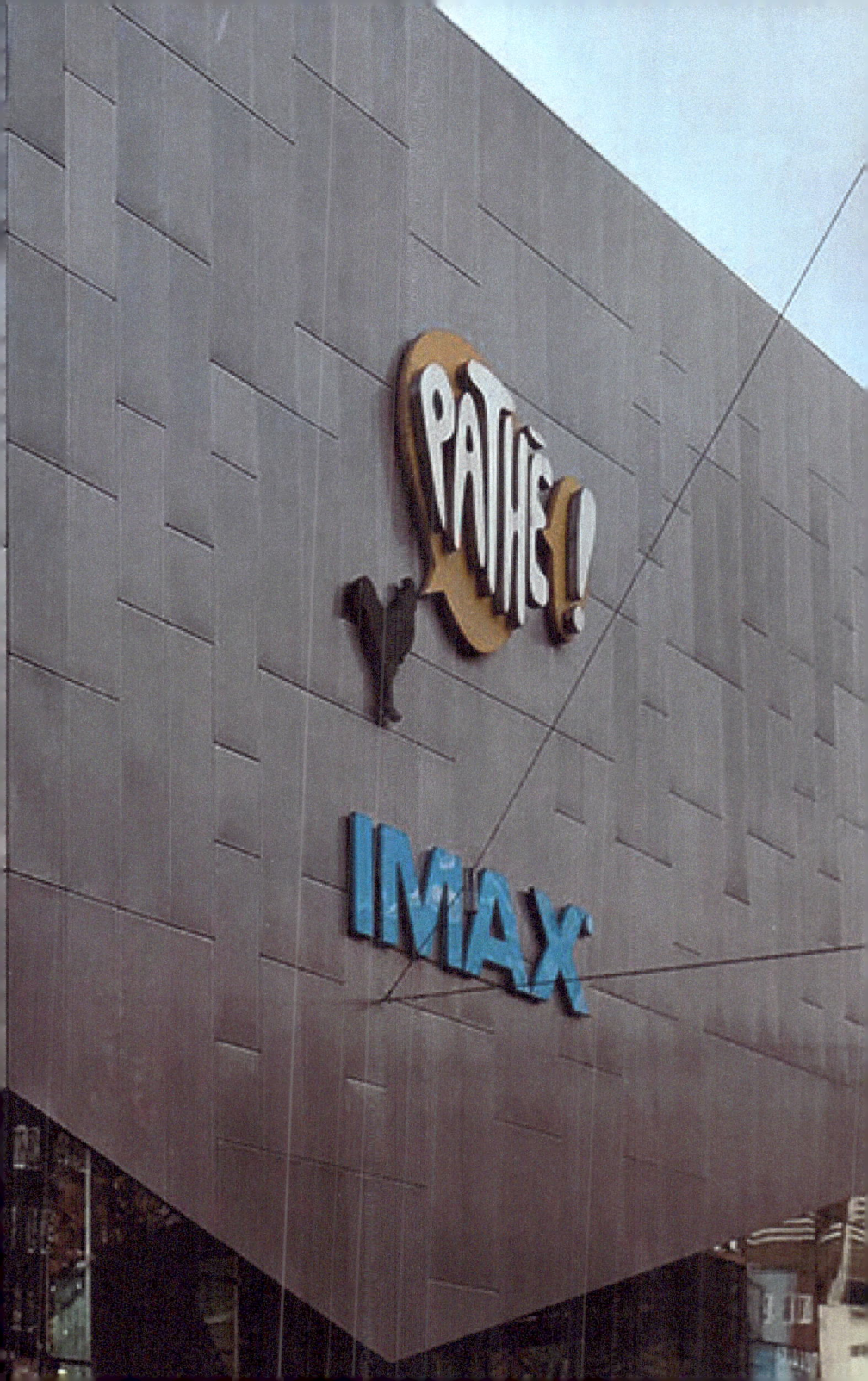

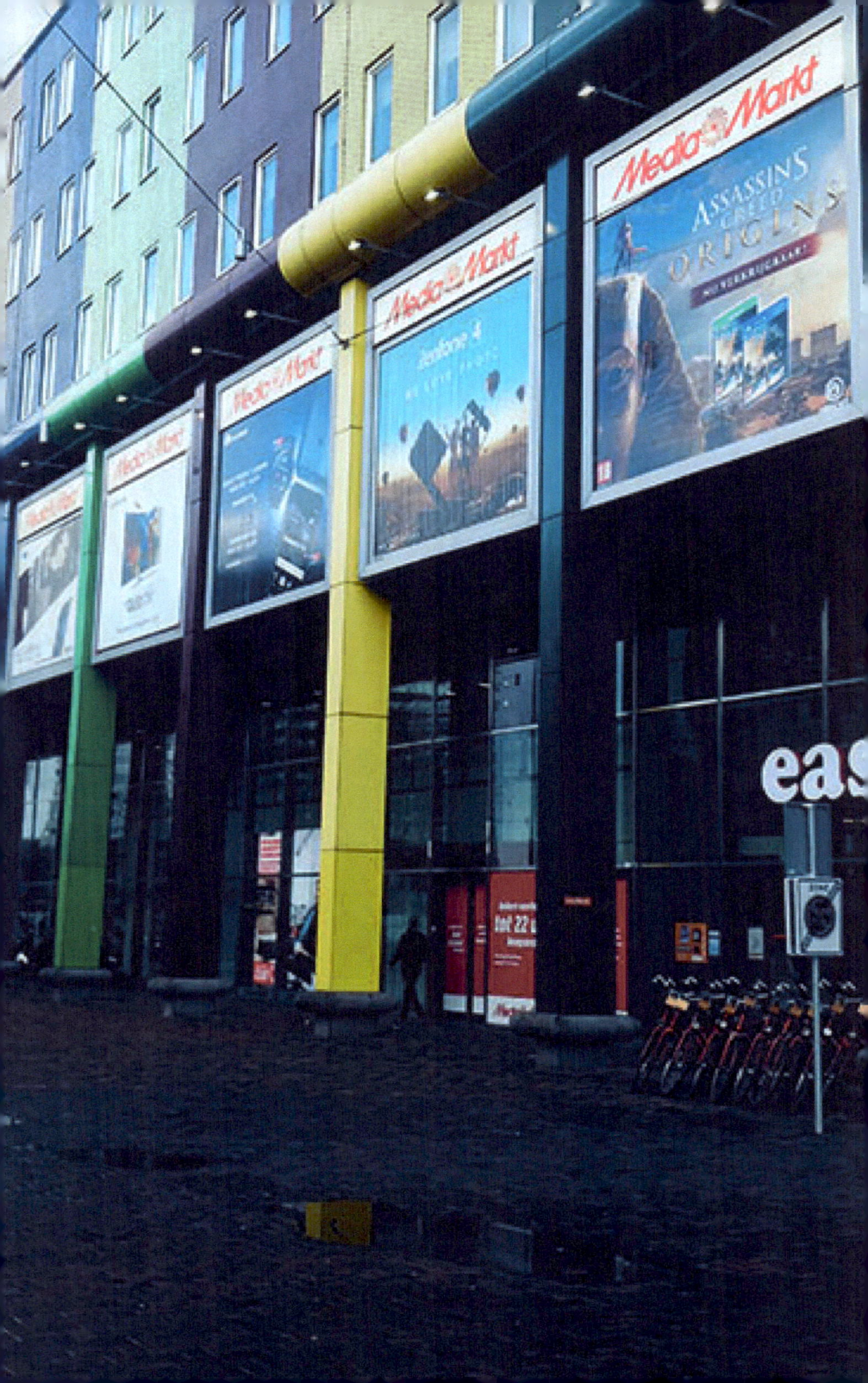

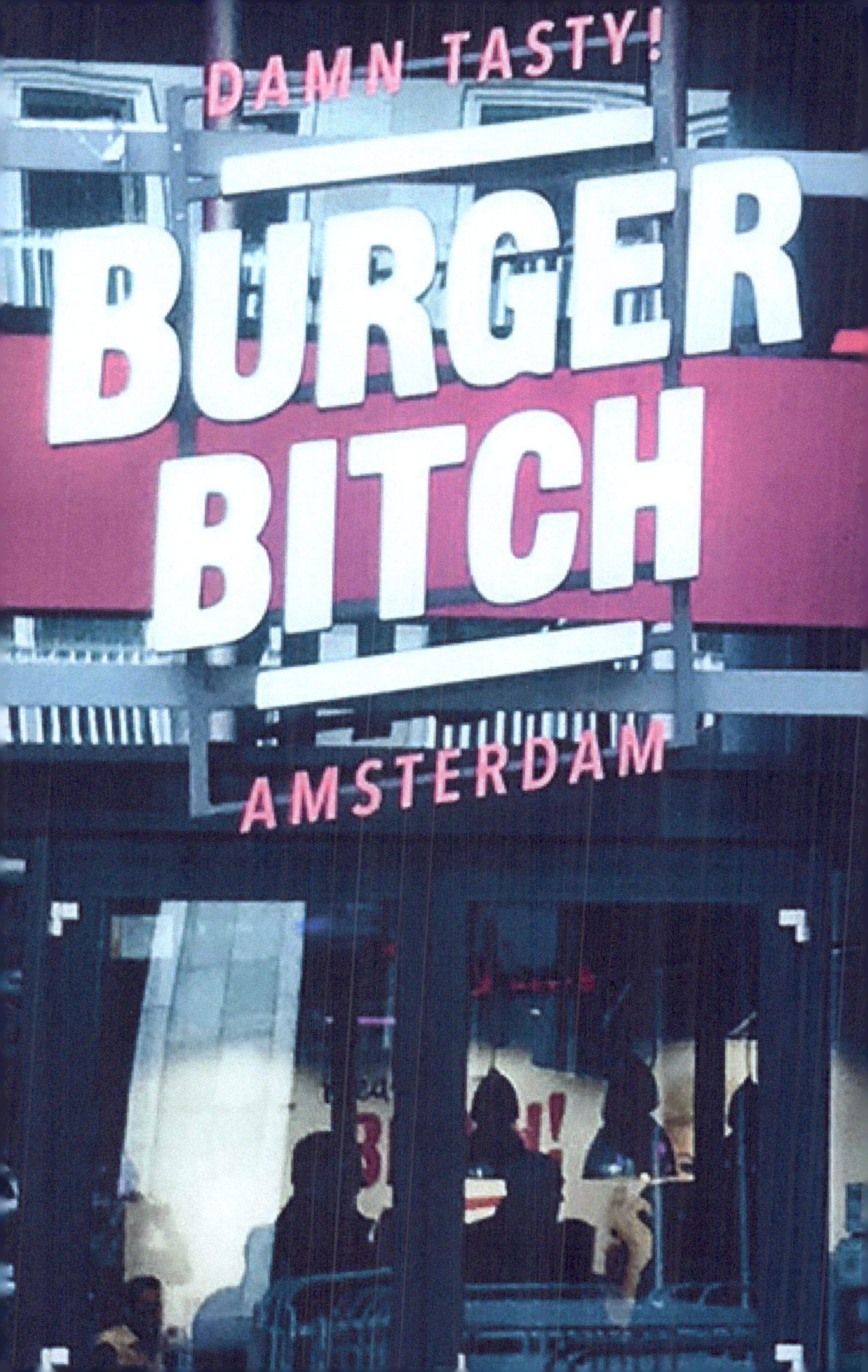

DAMN TASTY!

BURGER BITCH

AMSTERDAM

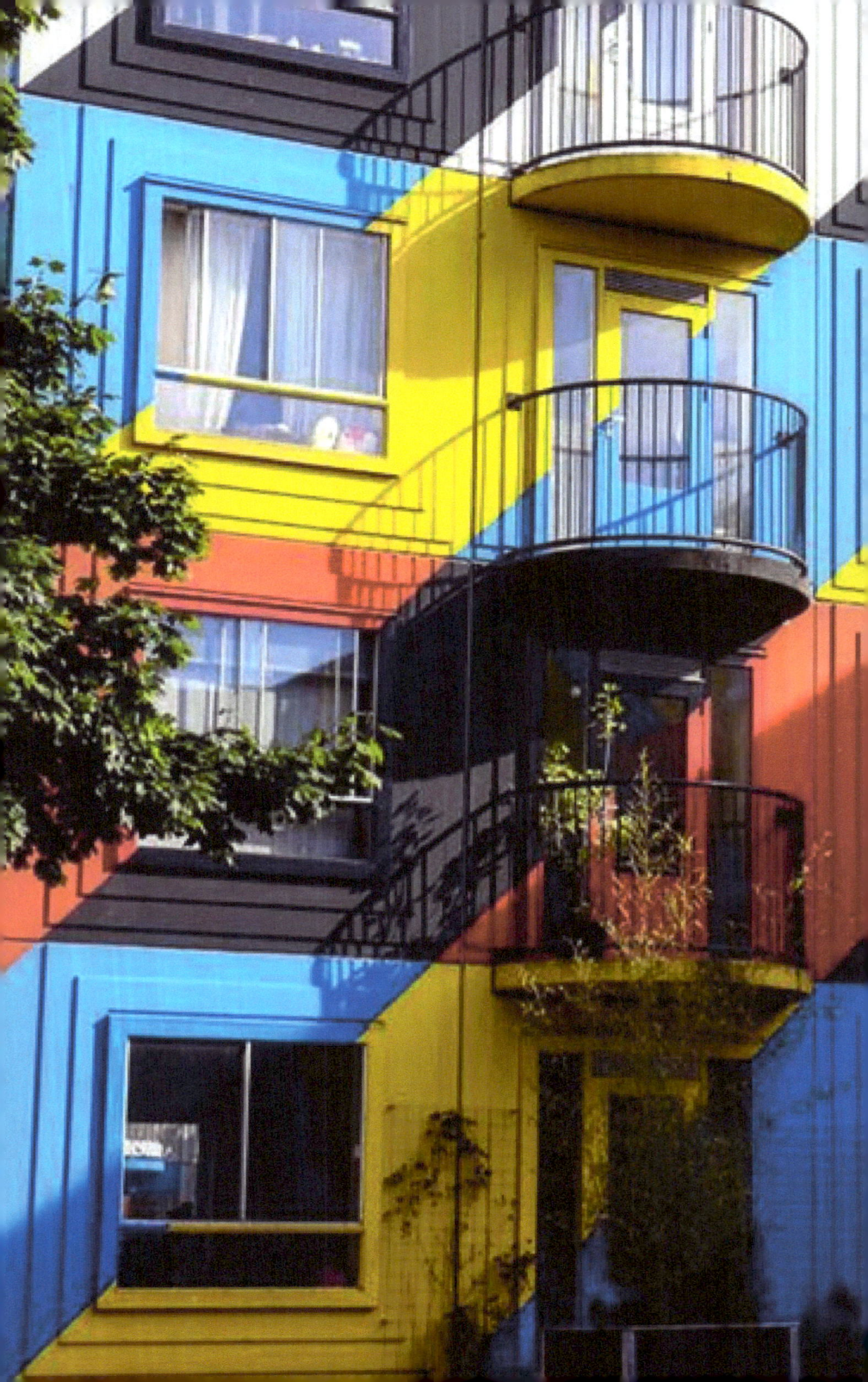

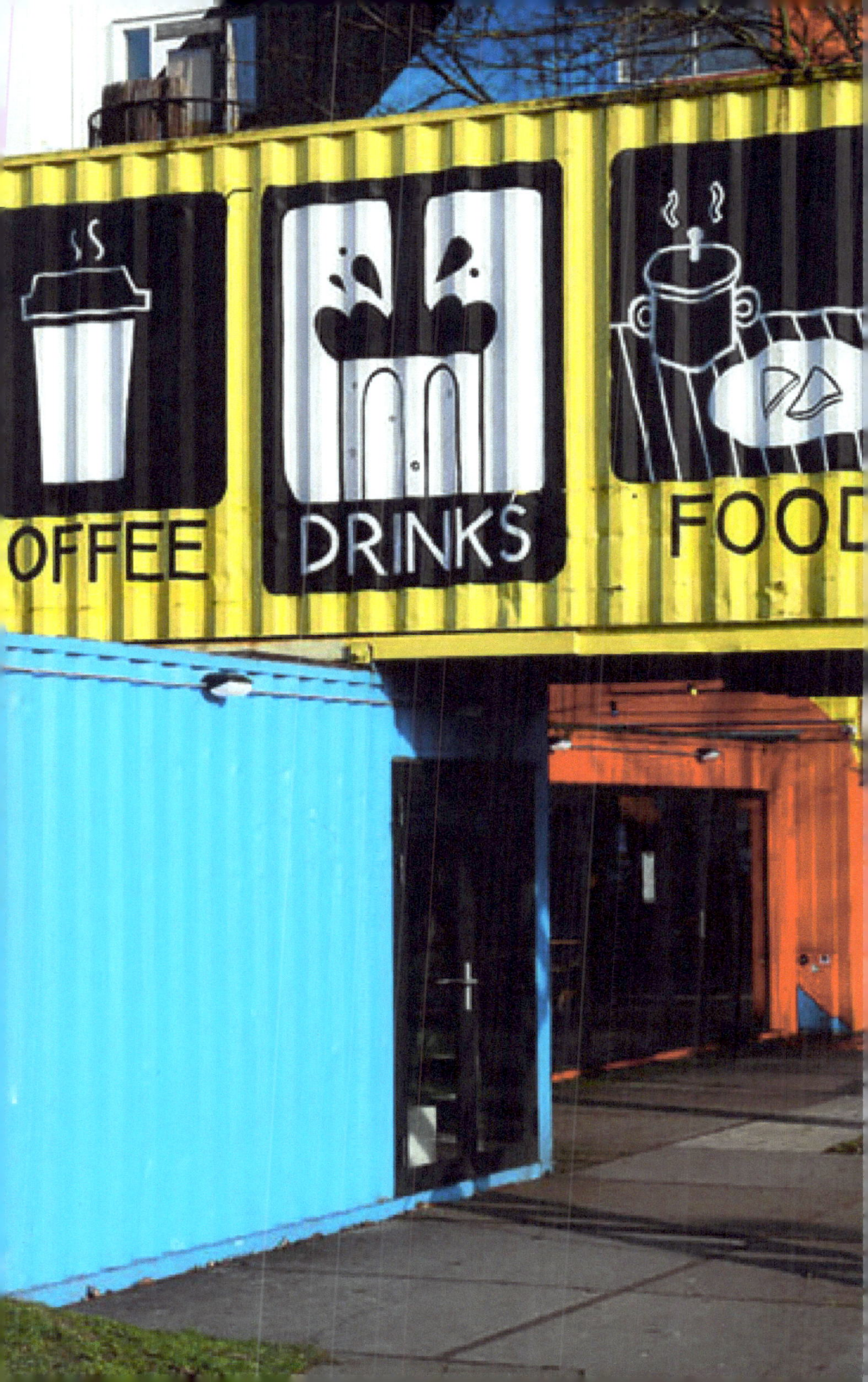

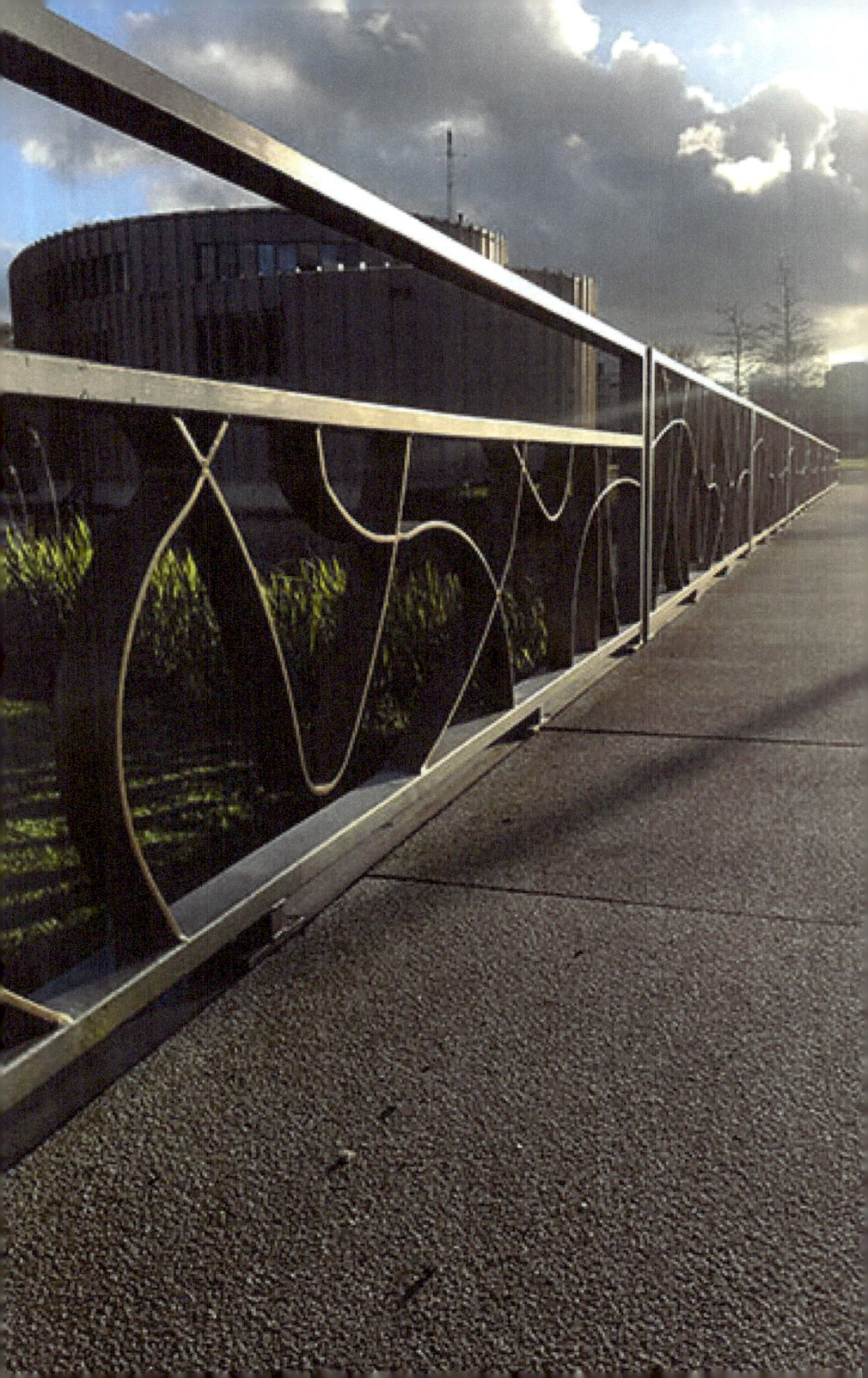

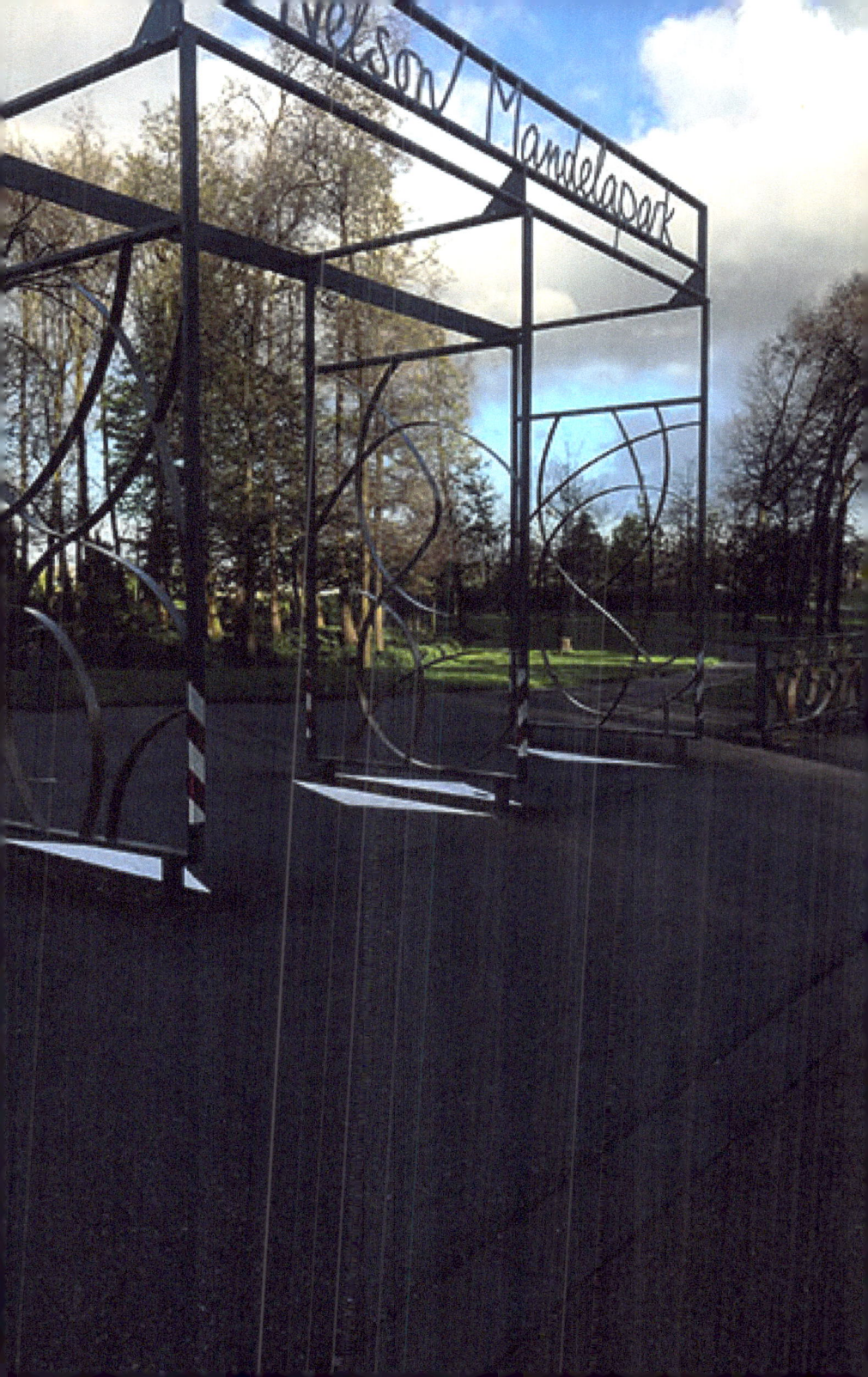

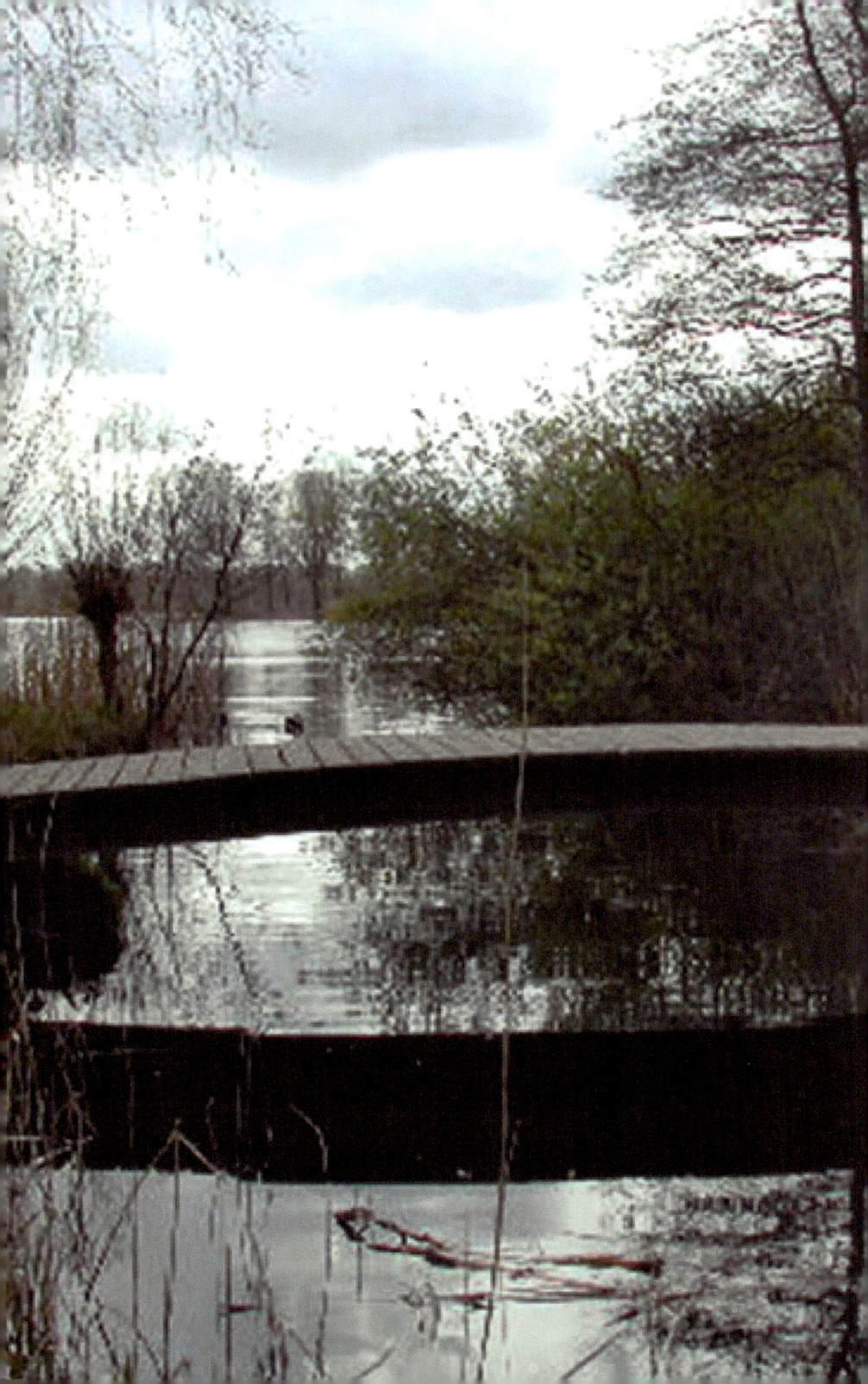

Dank je wel voor het lezen

Het boek Bijlmer Quotes is gemaakt door Kevin Acheampong

www.ingramcontent.com/pod-product-compliance
Lightning Source LLC
Chambersburg PA
CBHW040312220526
45473CB00002B/637